たいまつ

遺稿集

むのたけじ

目次

装丁／本文レイアウト・加藤英一郎

はじめに　矢崎泰久

この小冊子は、むのたけじの最後の貴重な記録である。

3年前の2013年12月、『話の特集』『週刊金曜日』で46年間連載を続けていた永六輔の「無名人語録」が終了することになり、15年の1月から、野坂昭如の「俺の舟唄」の連載が始まった。パーキンソン病で挫折せざるを得なかった永さんに自ら代役を買って出てくれたのだ。

その野坂さんが同年12月9日に急逝した。きっかり1年間『週刊金曜日』の「話の特集」のページに健筆をふるっていた。永さんは車椅子に乗りながら、野坂さんの青山斎場の式典では、葬儀委員長を務めた。むのさんに執筆を依頼したのは、その直後のことだった。82歳の永さんから、85歳の野坂さんにバトンタッチされた巻頭ページが、100歳のむのさんに引き継がれたわけである。不安はあったが、むのさんは引き受けてくれた。16年の七夕の日に永さんは他界する。101歳になったむのさんに結果的には無理強いするようになったのだが、私は謙虚に受け止めつつ、これで良かったという確信を持った。

相次いで世を去った3人の素晴らしい記録が完結を見た思いがしたからだ。同時に3人を支えた、永良明、野坂暘子、武野大策、土井伸一郎の４氏にこの場を借りて深く感謝の念を記しておきたい。

私がむのたけじさんに初めてお目にかかったのは、１９６９年1月だった。大学紛争の真っただ中であった。

当時、私は東京ＴＢＳ、青森東北放送、福岡ＲＫＢ毎日の3社ネットによる「対話」という30分のラジオ番組のキャスターをやっていた。秋田県横手市を訪ねて、「かまくら」の中でむのさんと対話することになる。

録音は午後7時に始まり、夜明けまで続いた。5回分にまとめても、倍以上も残った。週刊新聞『たいまつ』を主宰されていたむのさんは、53歳だったからバリバリの現役だ。私は圧倒されかつ強い感銘を受けた。その後『話の特集』には時々登場していただいている。

永さんのラジオ番組にむのさんを連れて来たのは松島トモ子さんだった。5年前だから、むのさんはすでに96歳。私にとっても久しぶりの対面だ。松島さんは子役時代にむのさんに会っているから、長いお付き合いである。

それから数回、むのさんは松島さんにエスコートされて永さんの番組に登場している。15年8月15日は、１００歳のむのさんと96歳の金子兜太さんが「反戦平和」を力強く訴えるという画期的なものになった。野坂さんからもファクスが届いて、「ＮＯ ＷＡＲ！ＮＯ

ＮＵＫＥＳ！」の大合唱となる。まさに戦後70年の節目の終戦記念日であった。

むのさんの遺稿となった「たいまつ」（『週刊金曜日』２０１６年２月12日号～９月９日号）には矢吹申彦さんがイラストレーションを画いている。加えて武野大策さんの〈番外篇〉を添えた。巻末にクレヨンハウス制作の「むのたけじ年譜」を合わせて掲載した。

日本の未来を背負う若者や幼い子どもたちへのむのさんのメッセージを大切にしたいと思う。多くの方々に是非とも手に取っていただきたい。（２０１６年10月28日記）

たいまつ

文・むのたけじ
文・武野大策（※〈番外篇〉のみ）
画・矢吹申彦

エコノミックアニマル

社会の出来事は集合した生命体の働きだ。生命は万人が一個ずつ、一回きりの営みだ。まさに命がけだ。頭と手足と五臓六腑の合わさった働きだ。したがって、人間たちのやることなすことにも、そういうつながりがあるはずだ。これは頭の部分、これは手足の表現というケジメがあるはずだ。その相互関係を区分けして社会に知らせるのがジャーナリズムの役目だ。

ところが、実際はどうか。日刊新聞の１日分は40ページにもなるが、そこには数え切れない情報がどっさりと詰め込まれているだけだ。相互の関係もケジメもはっきりしない。

そこで私個人のことだが、１９１５年に生まれて、21歳で新聞記者になって、同じ道をこれまで80年間も歩いて来た。日本ジャーナリズムの現状に何とも言いようがない。反省を籠めながら、今現在の胸の思いを述べよう。

年を取るにつれて、若い世代のことが気になる。乳幼児、少年少女の時代は一生の歩みの根で幹ですな。そして、そういう世代こそが社会構造の根で幹であるべきですな。現状はどうか。中東地域のテロリスト部隊に１００人単位で連れ去られた少女たちのことは今もってわからない。そういう事件でなくても、幼な子や少年少女たちが大人の都合で不幸な目にあうニュースの絶える日がありませんな。何故だ。国会で政治家たちが「１万円の児童手当だ」といくら叫んでも、現実の社会とはつながらない。

先月1月15日のことだが、碓氷バイパスの入山峠付近で起きたスキーバス転落事故のことが今も気になる。13人の大学生が、2人の運転手と共に亡くなったが、その旅行計画には幾つもの会社がいろんな手抜きをやっていたそうですね。

「1泊3日で1万2300円のスキーバス旅行」という宣伝文句に心を引かれた大学生たちをだれも非難することはできない。今の若者たちはそれぞれ精一杯努力して生きているのだ。政治はそこにどんな手を差し延べているか。1人の政治家が、「国民の生命と財産を守るのは政府の責任で、最後の責任者は総理大臣だ」と大声で言ったが、2人のジャーナリストが殺されるのを防げなかったし、大学生の事故を防ぐにも何の役にも立たなかった。

問題の根本は何かと考えると、私は「エコノミックアニマル」という一句が日本社会に浴びせられた時のことを思い出す。1965年（昭和40年）にパキスタンの外相であったブット氏が、日本人の近頃やることなすことが経済本位で儲け本位だと批評したとき、ぐさりと胸をさされた。

確かに、日本社会にはそういう甘い空気が立ちこめていた。大蔵大臣のとき「貧乏人は麦を食え」と言って物議を醸した自民党の池田勇人という政治家が、首相になった途端に「さあ、所得倍増だ」と言い出した。国民も一緒に踊り出した。農民たちは出稼ぎ収入ではしゃいだ。工場は輸出品の製造に夢中になった。その思いの流れが今も消えていませんな。3年前に始まった現内閣の歩みはその流れを八方美人の美辞麗句で飾っていますね。そこでどうなるか？

今年中に全国選挙が1回か2回あるという。その時に日本社会の現状を判断して、今後への道を指さすものは、言うまでもなく「主権在民」の私たち人民だ、主権者だ。アベノミクスとアニマルとの関係を我ら主権者はどう判断するか？

万事に経済優先の旗を振り回してきた政治行動にケリを付けるときではないか。そうだからこそ18歳と19歳の若者たちを新しい主権者として迎えるのではないか。

ジャーナリズムは歴史の日記だ。過去と現在と将来の結び付き、その相互関係を明白に解き明かして希望の道を指さすのが、その任務だ。日本のジャーナリズムよ、どこまで自分の仕事をやり遂げるか。１０１歳のジャーナリストはわが身を痛くつねりながら世の歩みを見つめる。

イナカをどうするの？

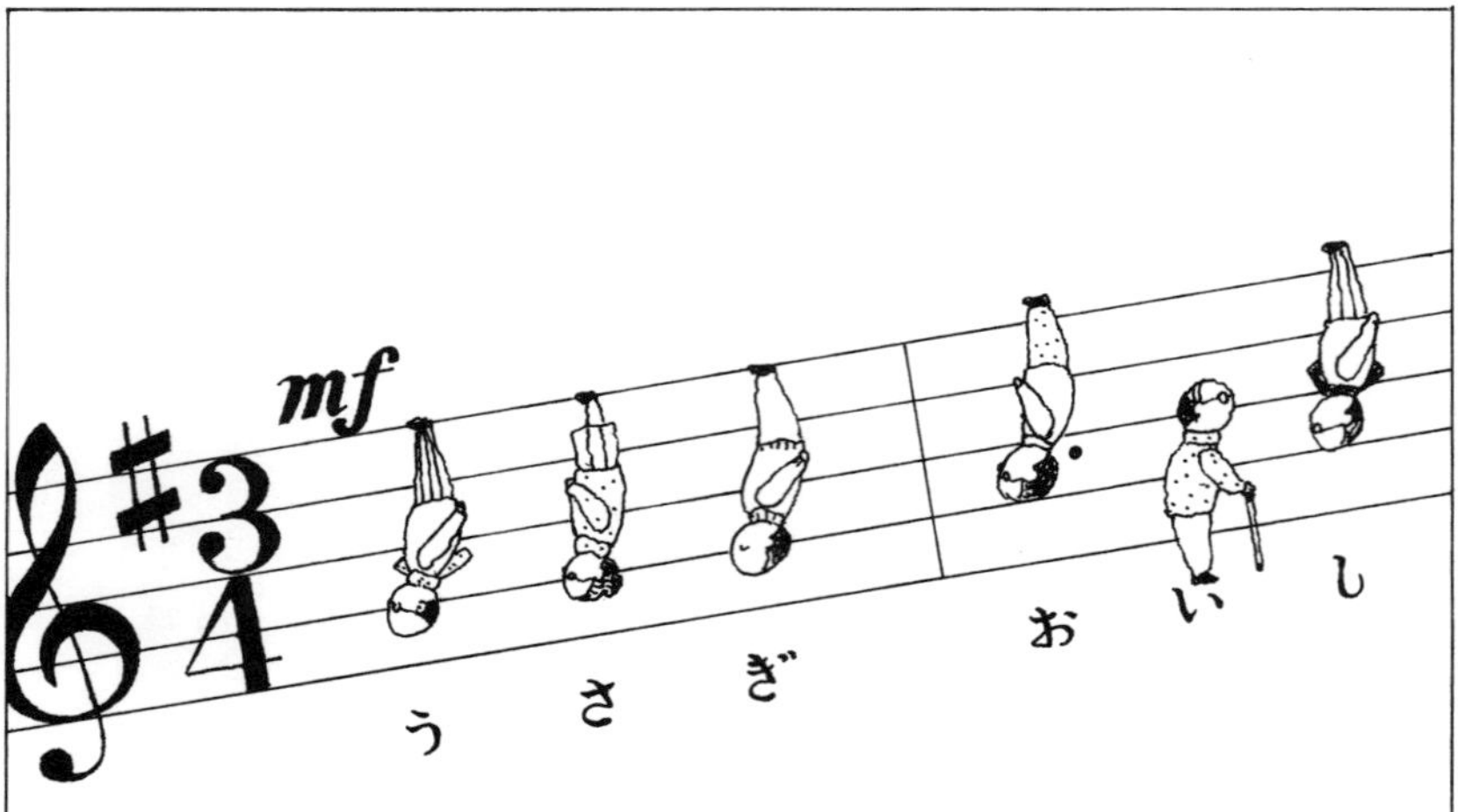

まず、奥羽山麓にある岩手県西和賀町《にしわがまち》のことを聞いて下さい。この町は11年前に沢内村と湯田町が町村合併で生まれましたが、この土地の文化活動に私は60年代から約20年間強い結び付きを持った。その当時にこの辺鄙な地域が全国で唯一の名声を３つ獲得した。

沢内村は東北地方の多くの農村と同じように「医者にかかるのは死亡診断のときだけ」の嘆きにあえいでいた。そこに登場した深沢晟雄《ふかさわまさお》（１９０５～65）という村長は全村民の健康なくして村の発展はないと、全国でもっとも医療の行き届いた村を作り上げた。その経過のレポートは全国でもてはやされた。

湯田町は、『広報ゆだ』が１９５２年の全国市町村の広報コンクールで優秀賞となった。広報の内容の大部分が住民から行政への要望であることが評価された。

また、湯田町は男女住民が参加した「ぶどう座」という演劇活動が盛んで、フランスから公演に呼ばれたこともあった。そんなことで、住民の集会所を兼ねて、新しい劇場湯田町文化創造館『銀河ホール』が作られた。その造りはシェークスピア劇場と江戸時代の歌舞伎座の特徴を組み合わせたものだ。そんな劇場は日本のどこにもありませんな。

この西和賀町の社会福祉協議会から『健康な人づくり町づくり』というテーマで講演を求めてきた。私はすぐ承知して、雪道を車イスに乗って出かけた。会場はその劇場だった。参加者は約２００人でしたが、過去の３つの日本一のどれをも住民自身のだれも話題にしなかった。村の気分は深く沈んでいた。この変化をあなたどう思いますか。

ここで日本のイナカの歩みを振り返りたい。日本が15年も戦争を続けたとき、戦争ゆえの餓死者を出さなかったのは、言うまでもなくイナカの努力のおかげだ。戦争が無条件降伏で終わった後の約20年間、日本のイナカは死にもの狂いで経済の土台の立て直しに取り組んだ。そして、ドイツと共に「奇跡の経済復興」と世界から褒められた。そのときから産業・経済・貿易は大型の利益追求に夢中になった。イナカは捨てられた。西和賀地域をあわせた人口は、ピーク時1万2913人だったが、2014年10月1日現在は5964人だ。この歩みは全国のイナカに共通している。農業、林業、漁業の困難、人口の流出、家族の崩壊が続いている。

全国のありさまを見ると、明治21年(1888)に7万1314であった市町村は、平成26年(2014)にはわずか1718となった。この数字は日本の政党政治と官僚行政がマチ・ムラという地方自治体をどのように扱ってきたかを物語っている。これをどうするかは言うまでもなく国民全体の課題だ。

私が西和賀町へ講演に行ったのはさる1月20日でしたが、その2日後に安倍晋三首相は国会で施政方針演説を行なった。なんともにぎやかで、きらびやかな激励演説でした。安倍さんは徳川幕府の崩壊から説き起こし、現在の世界経済の動きを分析し、地方創生に挑戦するといい、そして問題のＴＰＰは今後の世界に大きな希望をもたらすと断言した。

ＴＰＰが日本の農村、山村の産業と住民生活に深刻な悩みをもたらすのではないかと心配する声が深刻なのに、安倍首相はそれと正反対の希望ばかりを語り続けた。そして、希望を耕す国民生活のあり方について20を超える事例を並べた。その中には、西和賀町の現状とつながる言葉は皆無でした。

安倍首相は演説で、各地方は「オンリーワン」を強めよと力説したが、それを３つも強めている地域の現状をどう見るか？　一政治家の美辞麗句だらけの激励演説で、現実に一億の国民が生き方を変えて〝総活躍〟すると政治家は期待しているだろうか。

ラジオテレビの放送で近頃「ふるさとの歌」の人気がとても高いそうですね。そのふるさとをあなたはどうしますか？

何を問うか240万票

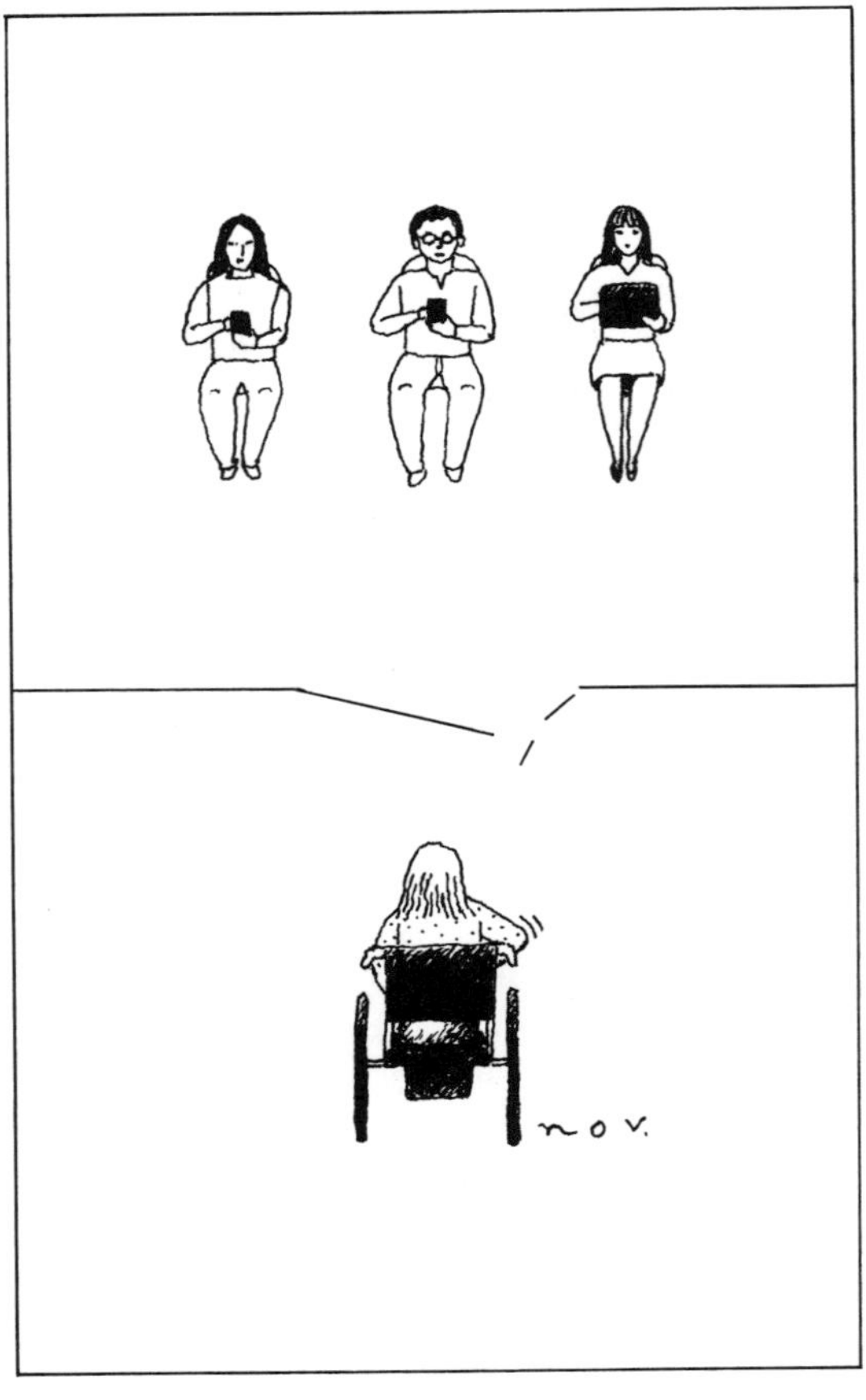

7月に参議院議員選挙だ。それと結びつけて衆議院の選挙もやろうとする動きが自民党にある。なぜだ。政局の機運を高めて、一気に憲法改変して、自民党政権の基盤を固めるためであろう。現実がどう動くかはこれからだ。

私は戦時中に新聞記者として国会のありさまを見た。軍部のわがままに対して、政府も、どの政党も余りに無気力で無原則だった。だから、戦後の社会では、政治の根本からの改革がもっとも重要な条件だと思った。

現実はどうだったか。60年代からの日米安保反対闘争、ベトナム戦争反対運動、成田空港反対闘争、学園闘争などを行ない、そこには、多くの学生集団や労働組合青年部、政党青年部が積極的に参加したが、状況を変えることはできなかった。理由は複雑だが、若者たちに選挙権がなかったことも原因のひとつであろう。

現行憲法の9条を捨てて、軍国日本へ回帰するとしたら、日本の歴史の歩みを根底から変えることだ。これに対して、新たに選挙権を持った18歳19歳の２４０万人の男女青年はどのような態度を示すか、が今後の日本のゆくえに大きな影響を与えるだろう。

ここで、私個人の見解を言うが、４年前に安倍政権が再登場してからの政治方法は極めて幼稚だ。景気を良くする経済政策と積極的平和主義のスローガンを重ねて、本来の目的をごまかそうとした。八方美人作戦だ。

それを若者たちはすぐに見抜いた。政府のいう「安全保障関連法案」を若者たちは「戦争法」と言い返した。「徴兵制度復活反対」のスローガンまでも持ち出して、自民党を攻撃した。

これは青年諸君から教えてもらったことだが、安倍政権が特定秘密保護法の制定を企てると、「特定秘密保護法に反対する学生有志の会(SASPL)」をつくり反対した。この団体は、安倍政権が特定秘密保護法を成立させたあと、安全保障関連法制定の動きを見せると、「自由で民主的な日本を守るための、学生による緊急アクション（SEALDs)」に発展させた。

今度の参議院議員選挙においては、「ママの会」「学者の会」などの団体と共に、「安全保障法制の廃止と立憲主義の回復を求める市民連合」を結成し、安全保障関連法廃止を訴える野党統一候補を支援することにしたという。

日本の青年たちの政治に対する態度は明らかに、１９６０、70年代のときのものとは変わった。問題の本質を見つめて、それと真正面から取り組んでいる。

２４０万票の新しく参加する人の票がどの政党に有利か、不利か、ということに私は余り関心がない。青年たちは日本の政治の仕組みを本物のデモクラシーに合致させるために、自分たちの思いを叫びながら行動を続けるだろう。その動きと壮年層や老人たちが腕を組むことこそが最も大事なことだ。そうなるためにまず必要なことは、壮年層と老人が自分の経験で得られた事を若者に伝え、そして徹底的に議論することだと私は思う。

さる2月18日に東京外国語大学の男女学生3人が校内の学習機関誌のためインタビューに来た。私が外大の前身校を卒業したのが80年前だから、学生とは80歳の年齢差があるが、若者たちと国内問題や国際問題についてたっぷり2時間語り合い続けた。そして、「また来てもいいですね」と何度も念を押して、若者たちは帰った。

私は「世の中が変わってきたな。変わりつつあるな」と胸騒ぎを覚えながら、「ようし、おれも頑張るぞ」と自分の手で老体をむち打っています。

重ねて言います。戦争に勝って栄え続けた国家はこれまで地上にただのひとつもありません。平和は平和を求める行動によってのみ実現できます。人類全体の運命に関わる問題は、人類全体の知恵と努力で解決すべきであります。さあ、みんなでもう一度腕を組み直して断固として、平和な世の中を作りましょう。

首相お手柄？・世変えた

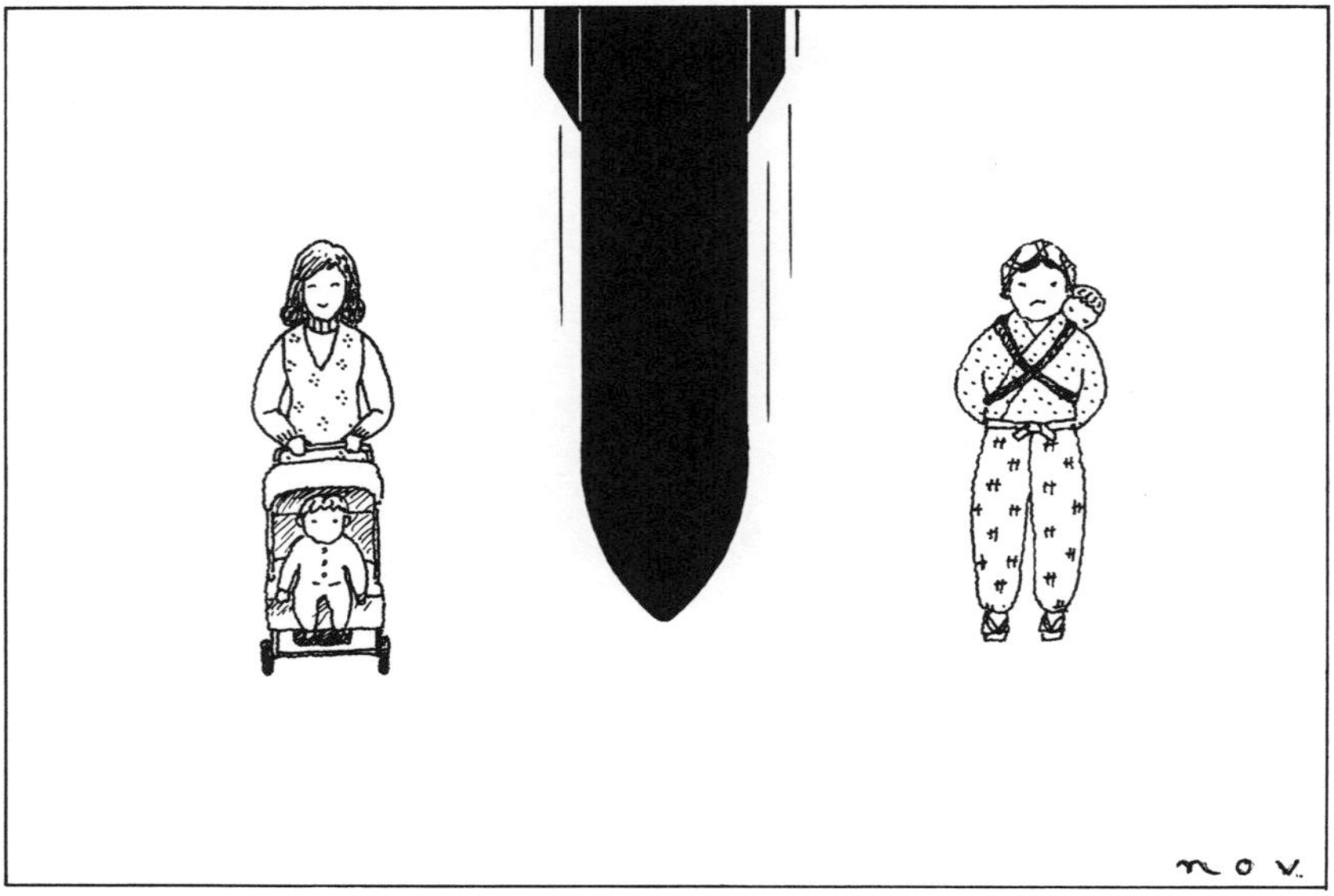

愛知県の瑞穂母親大会実行委員会から「平和への願い」というテーマで1時間半の講演を求めてきた。初対面の団体だが、態度が真剣で、しかも昨年9月からの依頼で、断れないものを感じた。それで、求めに応じて、老体にむち打って去る2月28日に出かけた。

会場は、名古屋市立大学本部棟のホールで、参加者は約１９０人だった。その大半は中年の女性であったが、それまでの会では見かけなかったと主催者がいう若い女性と男の老人たちも参加していた。５００円の参加資料代で、その日の集会までの準備状況の詳しい記録が用意されていた。それと同時に、会長さんと会員のひとりがその日の会合が社会の歩みの中でどんな意味を持つか、について講演の前に自分たちの考えを述べた。

そこで、母親運動は、１９５５年以来60回の大会を重ね、そして瑞穂地区大会、愛知県大会、全国大会と地域的に広がった運動であることを話した。そして、戦争中に多くの少年少女や幼児たちを米軍Ｂ29の攻撃から守れなかった、母の悲しみと責任を踏まえながら生まれたが、今現在なお同じ不安を否定できない現実があることを力説し、会員たちがその不安を取り除くために努力していることを振り返った。

私はそれを聞いて自分たちの願いを叶えるために、他力に依存しないで、自分たちが全力を注ごうとしている態度を強く感じ取った。それらを語る言葉には何の飾りもなく、裏表もなく、ありのままを自分の言葉で正直に語っていた。それを聞きながら、私は、安倍晋三首相のものの言い方が頭に浮かんだ。

安倍首相の政治手法は一貫していますな。問題提起の前半は美辞で飾って、後半に本音を出す。「知る権利も報道の自由も保障する」は、「国際軍事機密の保護」となる。「積極的な平和主義」は「安保戦争法」となる。「就職増加だ、結婚奨励だ、子育て援護だ、社会福祉の強化だ」は「戦争中の『一億一心』と同じ血液型の一億総活躍社会」となる。こういう政治に3年3カ月も付き合っているうちに、国民は大切なことを学び取ったのではないか。八方美人は当てにならない。言いたいことはズバリ本音で語り合って、生きていこう。自分たちの望む社会状態は自分たち自身で造らなければならないと。

日本人の社会活動にはこれまでにないエネルギーが生まれてきているのではないか。国会で一度成立した「安全保障関連法」には、その廃止法案が野党5党によって衆院に共同提出された。辺野古基地では、政府が工事を強引に進めたが、裁判所の和解で工事を中止して再度話し合いをすることになった。さらに、参議院議員選挙とそれに続くかもしれない衆議院議員選挙において、野党候補の一本化を図ろうと粘り強い努力が続けられている。こうした動きは今までになかったことですね。いうまでもなく、その背後には国民大衆の新しい息吹がある。安倍首相の3年3カ月の安倍政治が反面教師になっている。

人類700万年の歩みは母親の心とからだを踏まえて営まれてきた。その輝きが人間社会にあるはずだ。私はジャーナリストの道を80年も歩いて来たが、その輝きを過去の日本には見たことがなかった。だが、最近の女性たちは、年齢にかかわらず足さばきにも顔の表情にも美しさと元気を輝かせているように見える。あなたはそうと思いませんか。

１８９４年の日清戦争以来10年ごとに戦争を始めた日本社会は女性から女性を奪い続けていたのであろう。そして１９４５年から自国民にも他国民にもひとりの戦死者もださない70年の歩みが女性の新しい姿と結びあっているだろう。

父親も子どもたちも一緒になって母親大会の合言葉を、時折合唱したいですね。『いのちを生み出す母親は、いのちを育て、いのちを守ることを望みます』

これからの日本はおもしろくなるぞ。

新モンローが必要では

アメリカ大統領選予備選挙が民主・共和両党で進行中である。日本の報道機関はその状況を逐一報道しているが、おそらくどこの国家も同じような状況で関心を示しているだろう。選ばれるのはアメリカ合衆国という一国の指導者であるけれど、それは同時に世界に影響を及ぼす大統領であるという、他の国の指導者の選挙と違う側面があるのだ。

アメリカ大統領が世界を指導するような立場になったのは、私の記憶によれば、第一次世界大戦での消耗により、イギリスをはじめとするヨーロッパが衰退するのにあわせてである。そうしたことから、アングロサクソンの直系の長男であるという気負いがアメリカをそのようにさせているのだろうと私は思っている。

そこで、私のアメリカに対する見解です。私は、今から35年ほど前に、妻とアメリカを東西横断する旅行と南北縦断する旅行をそれぞれ10日くらいかけてした。妻は、この雑誌が発売される4月8日のちょうど11年前に亡くなったが、アメリカはいやな思いをすることもなく、とても感じの良い国であると言っていた。その思いは私も同じで、世界に開かれた自由な天地であるということを肯定するものであった。

それに加え、アメリカ大陸の内部には、まだ手が付けられていない、開拓開墾できる有形無形の領域がいっぱいあると感じた。アメリカ社会は、これらのところに光をあて、花を咲かせることの方が、よその国に手を出すより先ではないかと思った。

そこで、アメリカの外交政策を振り返る。私の判断では、1823年のモンロー大統領の「モンロー教書」に示されたものが、基本となって、20世紀前半、わかりやすく言えば、日本の真珠湾攻撃まで、多少の揺らぎがあっても、続いていたように思う。つまり、アメリカ合衆国はヨーロッパ諸国に干渉しないが、同時にアメリカ大陸全域に対するヨーロッパ諸国の干渉にも反対する政策です。外国に干渉しないで、国内を開拓開墾して国力を増した国なのです。だから、アメリカ合衆国はその政策にもう一度立ち戻ってはという思いを強めている。

そこで、今進行している予備選挙のことに移る。民主党のクリントンさんは新鮮な魅力が薄れてしまっている。共和党のトランプさんは一個人としても話題だらけの存在のようで、こんな人が大統領になってよいものか、アメリカ社会も揺らいでいるようですね。

魅力に満ちた新鮮な候補が出てこないのは、オバマ政治の反映でもありますな。オバマ大統領の登場は、アフリカ系出身との関係で、ノーベル平和賞があたえられるほど世界が平和になると、大きな期待をかけた人が多かったかもしれません。しかし、その点は期待はずれでしたな。世界政治の問題はもうそんなことでは解決しませんな。

世界はどこでもデモクラシー政治の本質と現実の仕組みとの矛盾で行き詰まっている。現在のアメリカ政治の動きを見ているとわかりますな。アメリカに見られる課題はもちろん日本政治にも当てはまる。いずれにしろ、お二人のどちらが大統領になっても、日本との外交関係でも、経済関係でも新しい希望が生まれる可能性は全く見えませんな。

ジャーナリズムの道をこれまで80年歩き続けてきた経験から考えるのですが、世界情勢の現在の行き詰まりを打開するには、各国の20代30代の男女の決起が是非必要だと考えている。そこにつながる動きがアメリカの大統領選挙に見られないのはなぜ?

世界情勢に対する私の思いを繰り返すことになるが、２００を数える世界の各国は他国に対して、あれこれ文句を言う前に自分の国の内部を洗い清めて、整理することに全力を注ぐべきでないか。こんなことを日本の一老人に痛感させるアメリカの大統領選挙はやっぱり世界の動きと結合しておりますな。

一生の根幹を大切に

「保育園落ちた日本死ね」と題して母親の怒りを書いたブログに端を発した運動が広がりを見せているようですね。これを聞いて、私は、２０１１年の秋だったと思うが、民主党政権下の出来事を思い出す。「今の政府は、保育園と幼稚園を一緒にして、認定こども園を作ろうとしている。これは保育園、幼稚園の現状を考えない、子どものためにならないものだ。反対しなければならないが、どう戦えばよいかわからない。２０１２年1月に集会があるから話してくれないか」と、保育園経営者から講演依頼です。私は教育問題については自分なりに考えを持っているが、保育についてはそれまで考えたこともなかった。だから、私はためらったが、経営者があまりにも熱心に頼むので引き受けた。それで、幼児の問題を一生懸命勉強したら、95歳以降の私のひとつの大きなテーマになって、元気にもなった。その後も、保育園や、「絵本で子育てセンター」などから依頼され、講演を続けている。

そうした講演会で必ず言うことがある。それは私の勉強の成果でもあるが、「幼児期は、人生の根であり、幹である」ということだ。それまで、「死ぬ時が、人生のてっぺん」という持論を持っていたが、そうなるにはその始まりになる幼児期が大切だからだ。そして、この人生を作る最も大切な時期に関係する価値ある仕事に従事する人には誇りを持ってほしいと。

もう一つは「幼少青壮老の5連帯で」である。幼児も、少年少女も、青年も、壮年も、老人も、その存在はそれぞれ独自の考えを持った独立した存在であるはずだ。また、人類はひとつの年代で成り立つものではない。だから、よりよい社会を作るなら、すべての年代がお互いに他の年代を尊重し、連帯しなければならない。とりわけ、幼児の気持ちがわかるのは、幼少青壮老の反対端にある老人だから、老人は幼児と結ばねばならないと。

さて、現在の保育園の問題に戻る。この問題は国会でも取り上げられ、議論されている。そこでの議論は、景気が回復し、求人が増えたから、いくら認定保育園を増やしても、待機児童数は減らない。それを解決するため、今まで保育士ひとりが5人の幼児を見ていたのを、6人見るようにすれば良い。保育園は3人ずつ入所者を増やせば良い。数の話だけだ。政府の話を聞いていると、待機児童の問題は数遊びをすればすぐに解決できると言っているように聞こえる。その議論に、幼児はひとりひとり個性を持った人間であることがほとんど見えない。そのような考えだから、待機児童が減らせない大きな要因が、その入れものではなく、そこで働く保育士が足りないことに気が付くのが遅かったのではないか。

ところで、私が幼児の問題に関わり合う原点となったこども園だが、あまり聞くことがない。つまり、現状を見ないで作られるものは定着しないのですね。だから、こうした問題解決はまず現状をしっかり見るという原則が大事なのです。近年政権を担う政党はこのことがひどく劣っている。民主党政権はそれで失敗したが、それで登場した自民党政権も同じ過ちを繰り返したら、先の政権を非難できない。

それにしても、国会での議論が不毛と知ると、ママたちの動きが速かった。多くの人が、「落ちたのは私だ」と言って、数日後には国会前に集まった。そしてその運動は全国に広まり、いろいろなところで集会がなされている。その速さと広がりに驚くばかりである。「代議員が国民の声を拾わないというなら、国民自ら大きな声を上げることだ」をまさに実践しているのですね。そして、政権は取り繕いはじめたではないか。声を上げることはほんとうに代議員制民主主義の不備を補うことができるのですね。でも、取り繕いではだめだ。「幼児期は、人生の根であり、幹である」ということを認識したものでないと。私は幼児と連帯するため、このことを言い続ける。

憲法の全文を活用せよ

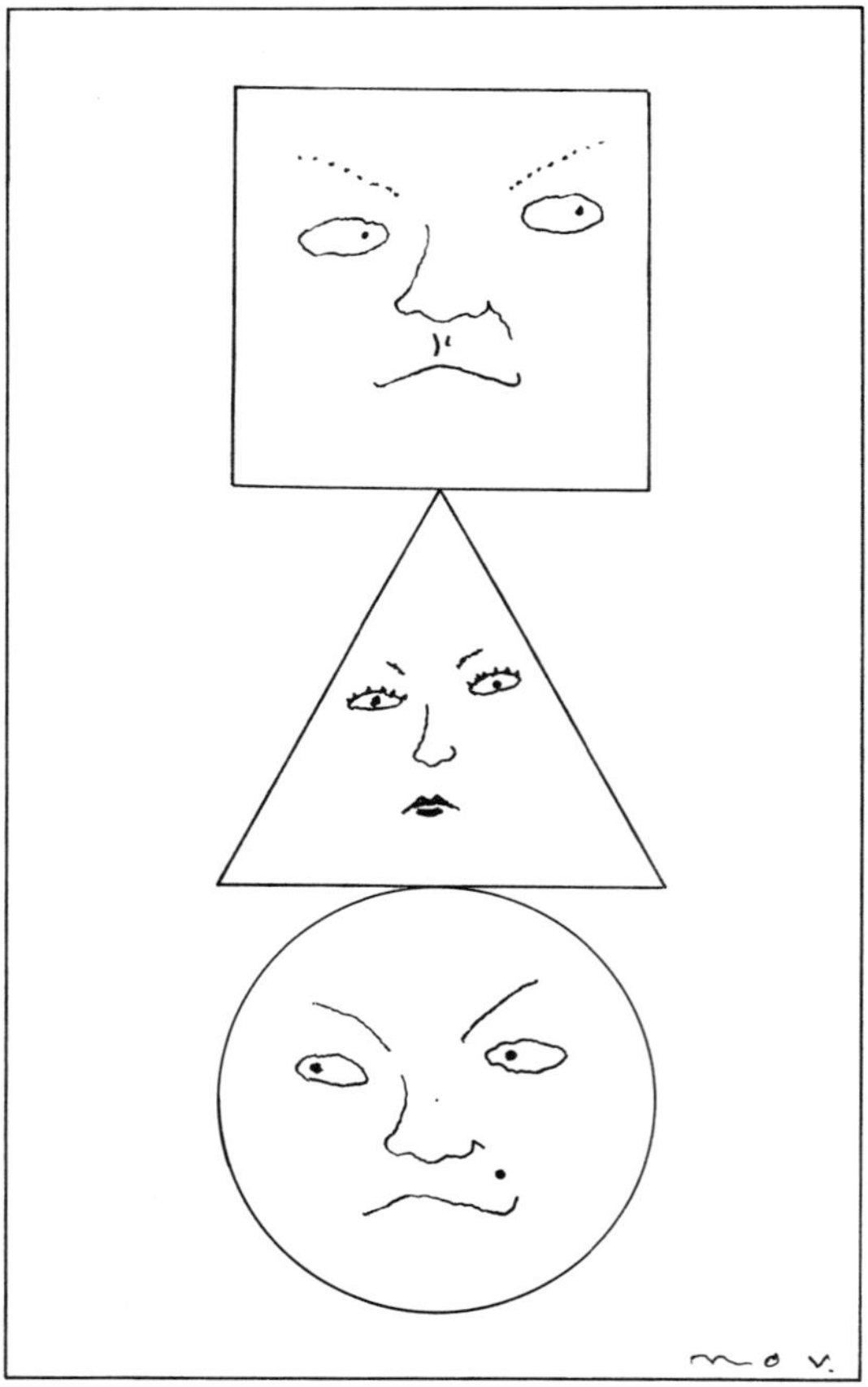

5月3日憲法記念日に、「戦争させない・9条壊すな!総がかり行動実行委員会」などでつくる実行委員会主催の憲法集会が「明日を決めるのは私たち―平和といのちと人権を」を合言葉に東京都江東区の有明防災公園であった。当日は曇り空の中、主催者発表で5万人が集まった。私もスピーチを求められたので出かけた。時間が限られていたので、三つのことにしぼり、伝えようとした。

一つ目は、私が国の内外でみた戦争の実態だ。兵士から見れば「相手を殺さなければこちらが死ぬ」であり、指導者たちから見れば、「敵国民をできるだけ早く、できるだけ多く殺せば、戦争に勝てる」だ。これでは正義は生まれない。だから戦争は絶対許されるものではないということだ。

二つ目は、その許されない戦争を日本は日清戦争からほぼ15年間隔で行なってきた。それができたのは日本国民が戦前の大日本帝国憲法で「臣民《しんみん》」、つまり「けらい」と呼ばれていたからだ。その結末が昭和20年の無条件降伏であり、日本国憲法です。国と国との争いを武力で解決しないとした第9条は連合軍につきつけられた側面を持つが、それでも日本国民はこれこそ日本国民が生き残るための道しるべだと大事にした。その結果、戦後71年間自国民も他国民をもたった一人も戦死させることはなかった。これこそ私たち日本国民の選択が間違いでなかったことの証だということです。

三つ目は、もし第三次世界大戦が起こるようなことになれば、５カ国の常任理事国などが持つ核爆弾が飛び交い、地球の形を変えるほど破壊されるかもしれない。それはどんなことがあっても絶対防がねばならぬ。そのためには全世界の憲法に日本国憲法第９条と同じ内容を入れることだ。

私はこの会場に若い世代の人が多く参加してくれていることを見て、とても心強く、そして、きっとこの若い世代の努力で戦争がなくせるという希望を感じた。それがこの集会に参加しての収穫です。

ついでに、日本国憲法が11章１０３条からなることも知ってほしい。４年前から毎年続けている『絵本で子育て』センター」での講演は、体力的に昨年で終わりと思ったが、森ゆり子理事長の昨年の講演後、「来年もまたお願いします」と言われて、今年も続けた。始めた翌年の講演直前に急に歩けなくなったときの対応への感謝があるからだ。今年も話し残しがないように、講演で話してほしいことを訊ねた。幾つか上げてくれた中に「最近報道機関がほんとうのことを伝えているか不安になることがあります。どうすればよいか」というものがあった。

確かにこうした心配を裏打ちする報道が最近多い。ＮＨＫが熊本地震発生を受けて作った災害対策本部の会議で、その本部長をつとめる籾井勝人会長が「原発については、住民の不安をいたずらにかき立てないよう、公式発表をベースに伝えることを続けてほしい」と指示していたとの記事が４月23日の毎日新聞に掲載されていた。

これは新聞社自身が自己規制した戦時中と全く同じだ。戦時中の報道は憲兵隊や内務省の役人が新聞社に来て指示し、ゆがめられたのではないことをもう一度言っておく。その結果どうなったか？　日本は前例のない無条件降伏をした。日本に同じことを繰り返させてはならないと、国際ＮＧＯ「国境なき記者団」にまでも、報道の自由度ランキングを72位と大きく後退させて、日本の言論状況に警鐘を鳴らされたではないか。

国民は自国の状況をよく知り、投票行為で自分の意思を示し、国が間違った方向に行かないようにするのが近代国家です。そのために、憲法21条で表現の自由を保障し検閲を禁じて、報道の自由、知る権利を保障しているのです。

憲法は生活の普段着です。だから、体に馴染むまで徹底的に着こなすことがまず先です。着こなす前に、新しいものを買ったのでは、自分にほんとうに似合うものがわからなくなりますよ。

石坂文学と私

私の横手中学校(現在の秋田県立横手高校)時代の恩師である石坂洋次郎先生が亡くなって30年になるそうです。それで、秋田県横手市では、「没後30年記念事業」を行なうことになり、その口火を切る講演会を頼まれ、この雑誌の発売日の翌日の6月4日に横手で「石坂先生のペンと横手の土」という題で話すことを予定しています。

ただ、5月9日より肺炎で入院し、今20日ですが、その講演に向けてリハビリの最中です。そこで、講演で話そうと思っているさわりだけ息子に口述筆記してもらいました。

石坂先生は、1900年に弘前で生まれ、慶應義塾大学卒業後、教鞭を執りながら作家活動をし、戦後『青い山脈』などを発表し、流行作家になった人です。私との出会いは、石坂先生が1929年に横手中学校に勤務するために、小野校長先生に赴任の挨拶に訪れたときでした。とても元気のいい大きな声で話していた校長先生に比べ、石坂先生はまるで蚊が鳴くように答えていたので、ある生徒に「夜蚊」(この地方のなまりで、「ヨガ」となる)とあだ名をつけられた。そのとき私は旧制中学3年で、それから卒業まで3年間国語と作文と修身を教わった。

学校での石坂先生は一人ひとりを大切にして付き合っていました。中には沢田松太郎のように、戦時中の食糧難のとき米を東京まで運んでいた教え子もいました。私の場合も、作文の甲乙丙丁の評価を加えたほかに、感想文を添えてくれました。私はそれを励ますためにやってくれていると心にとめました。私は特に文学的に影響を受けた人はいないと今まで思っていましたが、思い返せばこのときの経験が私の物書きとしての方向を付けたという思いを最近強めています。

そこで、石坂文学についてです。

東京外国語学校（現在の東京外国語大学）に入学した年のことです。私は帰省し、本を借りようと図書館に行ったとき、たまたま石坂先生がその日の当番でそこにおられました。「やあ武野君か」と、先生から声をかけられ、学校生活のことなど話し合ったあとです。先生は、「私は教師をやりながら、文学を続ける。これにおれの文学の特徴がある」と、力んで言った。

その頃私は、石坂文学については良くわからなかったが、今は言えるものがある。文学というものは人間の生活の開拓記録である。言い換えると、小説は何をどのように生きたかを記録することで社会に問題を提示するものです。教育は教えるものと教わるものとが合作しながら、人生を何のために生きるかを導くものだ。言い換えると、そのことは、やってはならないことを教え導くことです。つまり、文学と教育はその目的が違うが、石坂先生は文学と教育の両立に人生をかけたのです。だから、石坂先生は生徒に対する態度は非常に甘かったが、生徒としてやってはならないことに対しては厳しかった。しかし、それが個人的事情で追究出来なかった。そこに石坂文学の限界があるのではないかと思うのです。

それでも、石坂先生はとてもよい教師で、常に私を励ましてくれました。私が郷里にちかい横手でたいまつ新聞を始めると相談したとき、石坂先生は、「保守的な考えの強い横手で、そのような新聞は定着しない。ヤメレヤメレ。でも止めないだろうから、創刊号に文章を書いてやるから言ってこい」と言ってくれました。たいまつ新聞の創刊号に「東北の人々へ」という文があります。

その次は、たいまつ新聞の経営が思わしくなくなったとき、石坂先生は絶頂期の時でした。石坂先生は、始めるとき忠告したとも、また援助してやるとも言わなかった。ただ、「原稿を書いてやるから、本を出しなさい」と、励ましてくれた。それが１９４９年たいまつ新聞社から出版された『わが道を往く』です。私にとって、石坂先生は折に触れて戒め励ましてくれた、まさに先生でした。

朝鮮人に真の幸福を

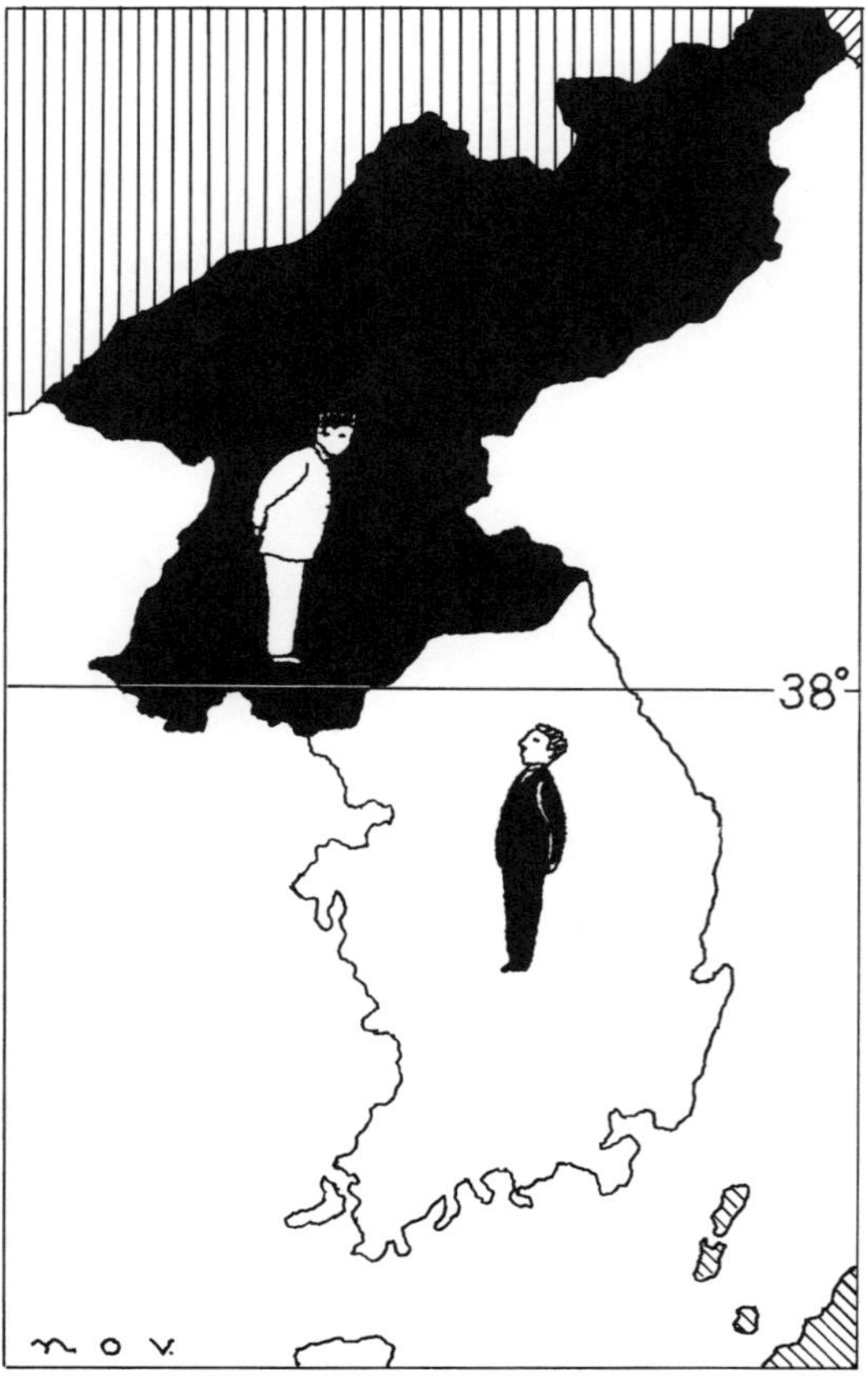

この「たいまつ」の連載は20回の約束です。そろそろ後半にかかりますので、これからの日本、これからの世界にとって大事だと思うことについて言及したい。

そのひとつが、朝鮮半島が第二次世界大戦後も南北に分断され、苦悶を続けて来ていることです。私はジャーナリストの一員としての考えを言えば、朝鮮半島の問題は、朝鮮半島は南北の二つに分断されたままなのか、一方が他方を吸収していくのか、いずれ最後に落ちつく姿を朝鮮人の合意を確定して、それを実現するために仲間の国々と力を合わせていくのがほんとうでしょう。その最も大事な将来像が曖昧だったり全く欠落したりしているから、無駄足ばかりを続けて来た。

実際、１９９８年から２００８年までの金大中《キムデジュン》・盧武鉉《ノムヒョン》政権下で行なわれていた外交的緊張緩和策・太陽政策です。これは将来像を曖昧にすることでなんとか合意した。だから、今は友好の象徴でもあったはずの金剛山《クムガンサン》観光事業も開城《ケソン》工業地区事業も完全に行き詰まりを見せた。

そして、今日の状況です。北朝鮮（朝鮮民主主義人民共和国）は核ミサイル開発を加速させて、武力で朝鮮半島を解放してやるとでもいうことでしょうか。それを南朝鮮の人々が求めているとでも思っているのでしょうか。そんなこと、南朝鮮の人々はだれも思っていないでしょう。むしろ、核開発やミサイル開発を最も嫌がっているのは南朝鮮の人々でしょう。だから、だれも味方してくれないし、国連は制裁決議をするのでしょう。

そこで、朝鮮と日本との関係です。『日本書紀』に書かれているくらい古くから関係がありますが、ここでは明治維新以後について述べます。明治維新以後の植民地政策の出発点になったのが、朝鮮半島です。明治維新からたった5年後には征韓論が国内において盛り上がるくらいです。１８９５年日清戦争での勝利を経て朝鮮半島へ本格的に介入します。１９０４年の日露戦争を経て、１９０５年の伊藤博文を初代統監とする韓国統監府の設置、そして１９１０年の日韓併合となるわけです。

私はその併合から5年後の生まれです。そこで、朝鮮人に対して注目するべきは当時の日本人の気持や雰囲気です。おそらく政府の謀略隊の仕事でしょうが、朝鮮人に対して、小馬鹿にする蔑称を子どもたちに使わせるようなものがあった。それはやがて戦争になったとき、彼らは弱いから、すぐに勝てるという気持をわれわれ東北の子どもにも植え付けようとしたものと思っている。それに対する子どもの態度です。

私が育ったところは秋田県の南部の六郷という田舎町（現在の美郷町）でしたが、一目で朝鮮人とわかるアメ売りの人たちが多くやってきました。その人々に対して、政府の謀略に沿って、蔑称を浴びせたり、石を投げたりする子どもがおりましたが、そうした子どもは半分くらいです。残り半分はそうではありませんでした。私も残り半分で、朝鮮人が来るとそのあとについて歩いた。だから、今でも私は売りのフリを言える。「チョウセン、ニンジロウ、エンバラ、エンザン、ナットロウ……」自分はカネがないから買えないから、親や金持ちに買うことを勧めたりもした。今でも、反韓デモでのヘイトスピーチが問題にされるが、それは日本人の一部の人たちだ。

そして、個人的なことです。私は1981年にアメリカを旅行した際に、ロサンゼルスでひとりの韓国人女子留学生と知り合いになりました。その女性との出会いがとてもよかったので、韓国旅行を思いつき、すぐに妻と出かけた。妻は連続した海外旅行が災いしてか、韓国に着くなり腹をこわした。そのことをレストランに告げると、薬膳粥を特別に作ってくれた。そのおいしかったこと。楽しい旅だったこと。

最後に、ロサンゼルスで出会った韓国人女子留学生との会話で初めて使った言葉を紹介する。「as Asian（アジア人として）」です。

死から生へ戻したもの

今日は6月9日です。この一カ月間は、自分がどこにいるのかも定かでない日が多かった。あとで息子に聞いたら、肺炎で順天堂医院に入院していたことがわかった。この間、自分は体力の衰弱と意識の不徹底の中で過ごした。やはり、それは混迷だと思う。今、私は医学の力でそこから脱出して来た。そこでの思いを書き留めたい。

話が唐突に始まったが、そこに至るまでの時間経過を息子に埋めてもらった。5月7日の昼頃、毎日何回か測定している脈拍と血圧が乱れ始め、夜になって発作をおこした。一年前に発作をおこしたときは救急車を呼んだが、100歳の男を見てくれる地元の病院はおいそれと見つからなかった。そこで、9日に定期的に見てもらっている東京の順天堂医院の診察予約がたまたまあったので、それを待つことにしたそうだ。

9日の診察で発作の原因は心臓ではなく肺炎と分かり、呼吸器内科に緊急入院となった。呼吸器内科の先生は肺がんを患ったときからの付き合いで、一〇年以上私の体のほとんどを管理してもらっている人で、高齢者はいろいろな機能が弱るからと、できるだけ入院は避けていました。その先生が入院と言ったのだから、相当のことです。実際に、この時の脈拍は、肺炎による炎症反応によって心拍数が160くらいあるといっていた。ただちに脈拍を落とす処置と抗生剤の投与がなされたようです。こんな状態ですから、私がほとんど混迷の中にいたのも不思議ではなかったでしょう。

混迷の中にいても、病院が１０１歳の患者を相当に配慮してくれたことはわかりました。もちろん医師による治療は重要ですが、看護師によるきめ細かい看護、そして、入院により体の機能が麻痺し寝たきりにならないように理学療法士の運動など多くの人が私の回復に貢献してくれた。その甲斐があって、体のむくみや不整脈が残ったが、病状は二週間かけてほぼ回復した。しかし、入院三週間目の終わり頃に肺炎が再発した。そのときの息苦しさは血液中の酸素飽和度という指先に付けたセンサーで簡単に測定できるもので示せる。動脈血中の酸素飽和度は95％以上であるといいのですが、酸素を吸引していても70％台を示すこともしばしばだったから、そのときの様子が分かるでしょう。

それで、私の人生これで終わったなという態度を示したら、息子が、「生き返らせようと、いろいろな方々がいろいろな力を注ぎ、生き返らせた命なのに、それを使わないで、そこから逃げていくような態度を示すのはおかしいじゃないか」と言って私をとがめました。それに対しては、私は死んだ体だからこれ以上何か仕事が出来ると思うことはおかしいという気持もあって、自然のままにしてくれという思いがありました。

このような親子での対立が二日間ほど続きました。そういう心の内部での葛藤、闘いを通して考えたことは、生きものはすべて誰かに支えられることによって生存している。殺し合いも助け合いもありながら、全体として生きもの同士は支え合うから生きられる。そのことに対する責任と言いますかな、むくいと言いますかな、義務と言いますかな、そういう点を考えると、人間というものは、自分の生活体験を広く見てやっぱり最後の最後まで努力しなければならないのではないかと思い始めたのです。

こんな思いが通じたのでしょう。四週間目の終わりに、肺炎の原因菌を特定してくれた医師がいて、それに対峙する抗生剤の点滴を始めたら、みるみる病状が好転した。そして、入院一カ月目の本日6月9日に酸素吸入を止めるまで回復し、生を実感できたのです。

いままで、生きるとは何か、死ぬとは何か、についていろいろと話してきたが、自分自身の命をかけて、生死を考えることがなかった。自分にとって大切な経験をしたと思った。そこで、生命とは何か、もう一度自分で深めて人々に語りかけたいと思っている。

子どもは人類の根幹

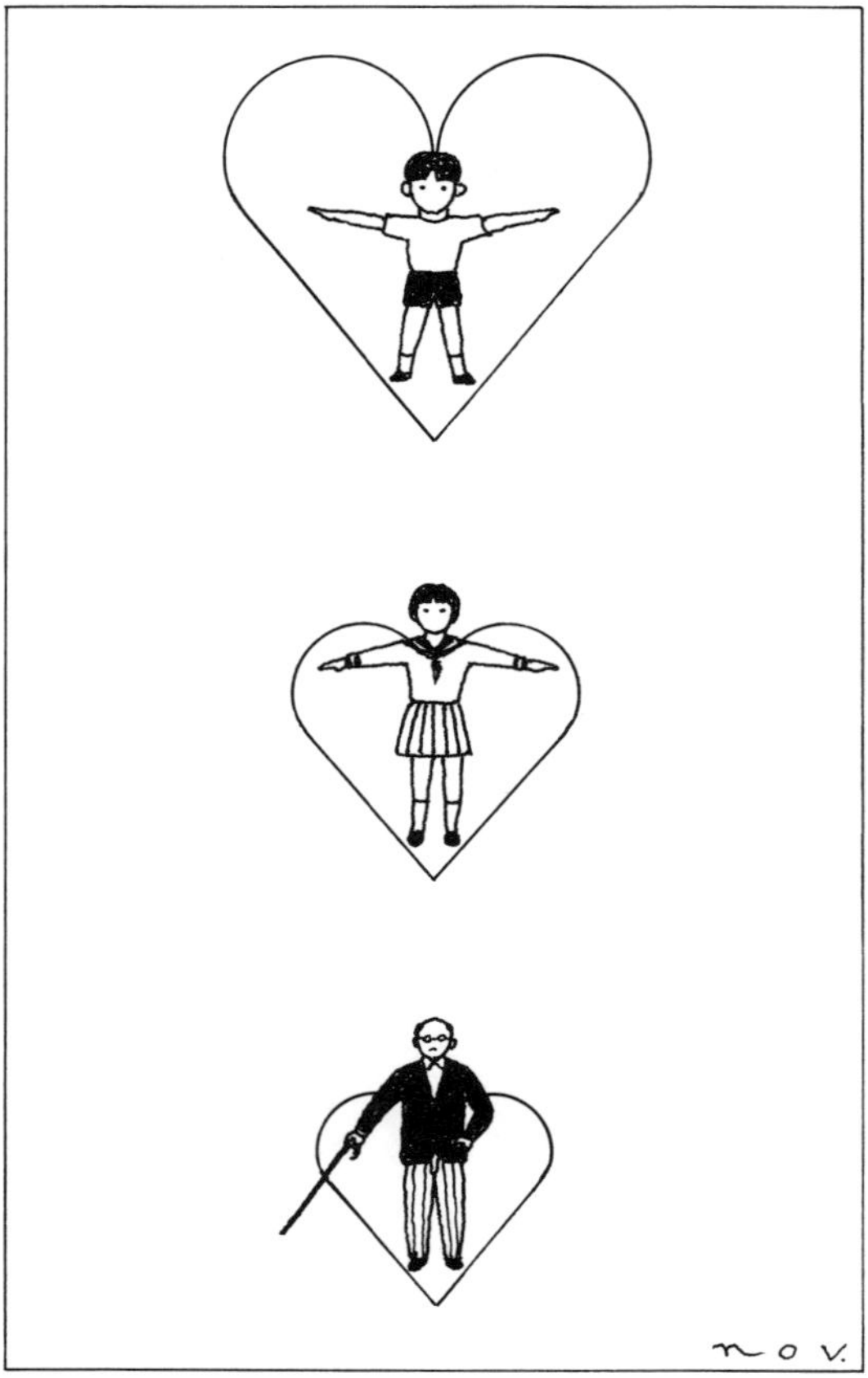

6月18日付けの『朝日新聞』朝刊に許しがたい記事を見つけました。子どもは大人の従者とみて導くか、独立した権利の主体とみるか、このふたつの「こども」観の対立が各地で起こっているとのことです。大人の従者とみて導く考えは、「自分で稼いで食べているわけでもない子供に下手に『権利』なんて覚えさせちゃ駄目よ！ ろくな大人にならないわ」と日本会議政策委員の百《もも》地《ち》章《あきら》・日本大学教授が監修した冊子にある言葉に代表されるようです。

まず、それに対する反論のひとつは、従者として育てることを望む人たちは、結局国家に従う人を育てたいと思っているからだ。日本はかつて、子どもだけでなく、国民全体を従者としました。すなわち、昭和22年現行憲法が施行されるまでの大日本帝国憲法では、今国民と呼ばれている人を臣民と呼んでいました。臣民とは「けらい」、従者です。その結果どうなったか？ 一部の人々の暴走をとめられず、皆さんご存じの通り、国民全体の生活をどん底にした無条件降伏を受け入れることになったのです。国家に従うだけの人間に育てることは国を破滅させることにつながります。その反省でいろいろな国民の権利が保障されたのではありませんか。

それでは、「権利」ばかりを主張することが悪いというなら、どう対処すればよいか。答えは簡単です。権利を主張するには義務も果たさなければならないことを一緒に教えることです。権利と義務は一対になっているのです。そのことを理解してはじめて一人前の人間になれるのではありませんか。

反論のふたつ目、子どもは従者とみる人には心を開いてくれないです。わたしが94歳の時、当時行なわれていたゆとり教育の御陰で、14歳の中学生と交わることができました。そのとき、子どもたちと私には80歳という隔たりがあるのに、なぜかそれを感じさせない付き合いになった。それで、あるときに私が「君たちは私をムノクンと同級生みたいに呼びそうだね」と言った。男の中学生が応答した。「ぼくは大人に心を開いたことはない。むのさんに会って初めてのことを経験した。親は、自分は親でお前は子どもだと言った。先生は、私は教師でお前は生徒だと言う。近所の大人は、おれたちは大人でお前らはガキだと言う。大人たちの声はいつも上から下へ斜めに走ってきた。むのさんに会ったら両方の声が同じ高さで行き交う。だから安心して自分をさらけ出してものを言っているのです」と。相手と本気で付き合いたいなら、おなじ目線が必要です。子どもは一人の人格を持った独立した人間とみて付き合い、導くべきです。

この幼い子の問題は、この連載の6回目でも述べましたが、90歳代半ばを越えてから考え始めたことです。そこで、幼い子もまた人類を構成する大事なひとつのかたまりで、それが人類の根幹であると結論した。

そして、生死を考えなければならない状態を経験して「いのち」をいっそう深めて考えたとき、幼い「いのち」を壊すことは、人類のすべてを壊すことになるとの思いを強めています。だから、このことは、人類は生きものとしてやってはならないこと、やらせてはならないことのひとつだという思いをいっそう強めています。

人間の「いのち」は区別されないはずです。その重さ、軽さはないのです。その「いのち」のすべてが責任と誇りをもつことがたいせつです。誇りとは、人類が73億人いてもあなたはあなた一人しかいないのです。これほど貴重なものはないはずです。この誇りと、それに伴う責任を感ずることは、人間が生きる時に一番大切になることと思いを強めています。

7月10日には、その多くはまだ経済的に自立していない18歳19歳の若い人々がはじめて投票する参議院選挙が行なわれました。今や、経済的に自立あるなしにかかわらず、国のあり方を決めることに参加する時代なのです。

敵だからつぶせない

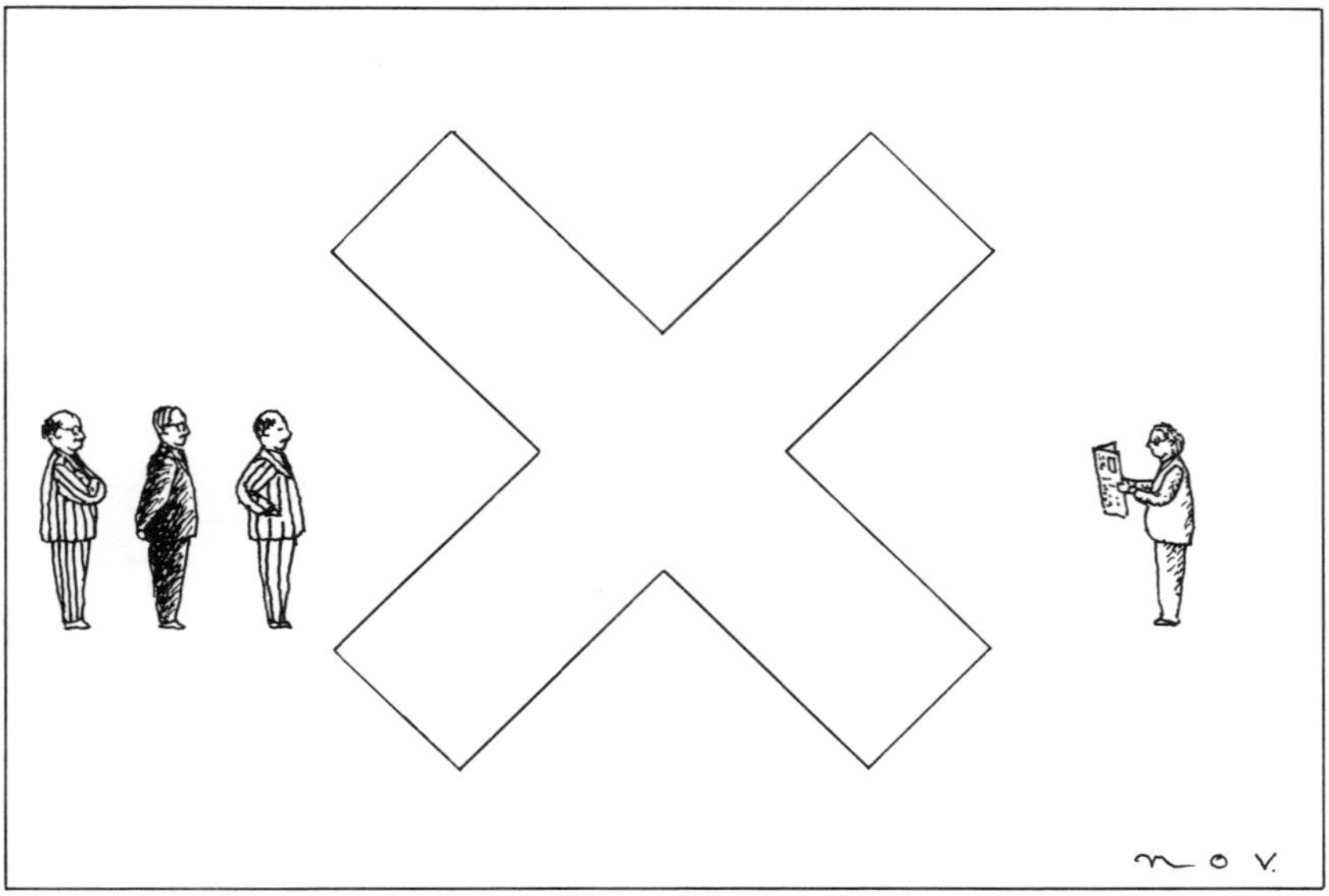

6月4日の秋田県横手市の石坂洋次郎没後30年記念講演は、河邑厚徳《かわむらあつのり》さんが編集した私のビデオメッセージと朝日新聞記者木瀬公二さんと私の息子大策が代役してくれました。それでも約250名の人が集まってくれたと聞いて、横手市の皆様の温かさを感じました。そこで、横手に絡むことを話題にしたい。

このシリーズの表題を「たいまつ」にした理由を今まで書かなかった。それは言わなくともすぐわかると思ったからだが、シリーズも半ばを過ぎたので、念のために書く。「たいまつ」は私が1948年から1978年までの30年間に780号発行したタブロイド判の『たいまつ新聞』に由来する。そこで、新聞の名前を「たいまつ」とした理由を話します。

私は、1945年8月に新聞社をさって、売る食いをしながら自分の進むべき道を迷っていた。1947年のことです。日本初のゼネラルストライキとなるはずの2・1ゼネストが準備されていた。これは前年11月、官公庁関係組合が吉田茂内閣に賃上げなどを要求したのに対し、吉田首相は組合指導者を「不逞の輩」と批判した。組合は激しく反発し、民間労組や野党も参加する共闘会議を結成し、600万人の労働者が内閣打倒や生活擁護を訴えて、2月1日にゼネストを決行すると宣言していたものです。

だが、これはGHQ（連合国総司令部）の指令で前日に中止になった。「基本的人権の尊重」がうたわれ、もちろん28条で勤労者のストライキ権が保障されている現行の日本国憲法が１９４６年11月には公布され、翌年の５月には施行されることが決まっているときです。その憲法の草案を作って日本政府に渡したとするＧＨＱ自身が憲法を踏みにじったのです。戦後日本人の多くの人が生きる道しるべとした現行憲法が、歩き出す前につまずいたのです。そこに、暗闇を感じた。そんな思いが、その暗闇を照らす、〝たいまつ〟になろうと思って新聞の名前にしたのです。だから、『たいまつ新聞』は、日本国憲法が踏みにじられたところを出発点として、戦後の歩みを一地方都市から見つめた記録です。

この『たいまつ新聞』ですが、昨年横手図書館がデジタル化して永久保存したいという話を女性図書館員から頂いた。その依頼を書いた手紙に熱心さが染みついていたので、それにほだされてすぐに同意したが、内心は反体制の新聞であるたいまつを行政機関がお金をかけて保存することはないと思っていた。だが、『たいまつ新聞』はデジタル化され、現在横手図書館でだれでも閲覧できる。

この『たいまつ新聞』の保存に、私は横手市が大切にしてほしいと思っていることが今でも生きているとうれしかった。そのことは経験して50年後に初めて岩波新書『99歳一日一言』で紹介して、波紋を広げたのですが、そのことをここで再び紹介したい。

『たいまつ新聞』を発行して16年目の１９６３年11月に『たいまつ十六年』という本を世に出した。その時に「あなたの出版祝賀会をやる」という知らせが、３人の名で届いた。

元市長の佐々木一郎、元議長の斎藤万蔵、金融業者の前沢純治、この3氏は私の住み働く地域の行政と商工業を牛耳ってきた保守の親分だ。それが何ゆえ私を祝うのか、ためらいを覚えながら、町で一番の料亭に出かけて質問した。「あなた方は、どうしてこんな会を催して下さったのですか」と。3人は顔を見合わせ、まるで前から申し合わせていたように「たいまつは、おらだちの敵だ。だからつぶすわけにいかぬ」と同じ言葉を発した。7月10日に投票が行なわれた参議院選挙で、改憲勢力が3分の2にといわれるほど、勢力バランスが片側に傾いている今、この言葉を特に送りたい。今後改憲論議も始まるかもしれない。そのときに、敵対するものを排除してはならない。それにもまして大事なことは、残った3分の1の勢力は相手が無視できないような新しい考えを作ることだ。

物事を成すには時間も

私は21歳で新聞記者になって、それから80年間ジャーナリズムの一本道を歩いてきて、間もなくそれを終える。今考えて、一筋を通したという気持と、ただ不器用だからそうなったという気持が交錯する。息子も幼いときに決めた道を歩いているようだが、年を取ってから考えを変えることも悪いことではないと伝えた。

ところで、最近の私の状態だが、7月15日に退院して，さいたま市の息子のところで、訪問看護を受けながら生活している。生活はベッドの中だけで、テレビのニュースを見ることも、ラジオのニュースを聴くこともほとんどなくなった。時折、息子から話題を聞くことが情報源の主なものだ。それによると、リオオリンピックで日本人が随分活躍しているようですね。とりわけドラマチックな展開で記憶に残るものは、幼いときに始めた選手のもの、競技生活が長い選手のものが目立っているように見えた。

体操男子は、団体で金メダル、内村航平選手が個人総合で金メダル、白井健三選手のあん馬での銅メダルと活躍した。予選ではまさかのミスがあって4位になったのにそこからの逆転勝利です。その代表選手の特徴は幼いときから体操に親しんでいた人たちだということです。また、同じく幼いときから競技を始め、それがテレビでも取り上げられたりしていた福原愛選手がいる卓球女子も、劇的な形で銅メダルも取ったのはうれしいことです。彼ら、彼女らはまだ若いが、ほんとうに幼いときから始めたから長い選手生活をしているのです。その年月にはいろいろな困難や苦労があったでしょう。それを乗り越えたから、逆境を跳ね返すことができたのだ。

バドミントン女子の高橋礼華・松友美佐紀ペアもまた逆転で日本バドミントン初の金メダルをとりました。このペアの歩みを紹介した記事に、「2人であきらめずに頑張ってきてよかった」と松友が笑ったとあったが、勝利は「あきらめない」ところに微笑むのです。

もう一つ若者の話題を聞いた。SEALDs（シールズ）が解散したという。シールズについては、昨年8月DAYS JAPAN主催の講演会で、そのメンバーの一人佐竹美紀さんの話を聞いただけだ。自分の経験を交えて安全保障関連法案に反対する理由を述べて、キッチリとした論理構成をしていたので感心したことを覚えている。それからもマスコミの取材で意見を求められることも多かったが、その団体のことはほとんど知らないので、シールズの正式名称「自由と民主主義のための学生緊急行動」を聞くことから始めたのを覚えている。私からすれば、正式名称を覚える前に解散するとは、何とも早い気がする。

そこで、私が行動するときに心掛けていることを紹介する。

「やらないなら、指一本も動かさない。やるなら、とことん命がけでやる。中途半端にいのちを腐らせるな。」（『99歳一日一言』）

とりわけ、権力と対峙するときは覚悟が要ります。

最後に、私の失敗談から、もう一つ若者に考えてもらいたいことを述べる。1945年8月12日に日本がポツダム宣言受諾することが日本の新聞社に伝わった。その時、『朝日新聞』は部会を開かせ、その対応を論じさせた。でも、戦時体制での報道に対する反省もなく、新たな出発への気構えもなかった。そこで、私はこのままで日の丸の代わりに星条旗を掲げて、同じ建物、同じ輪転機で戦後の新聞を作っていくというのはなじまなかった。そこで、退社したのだが、今はそう思わない。遅刻したとは言え、戦争の実相を読者に伝えるという本来の任務を、徹底して続けることであったと思う。その時もう少し考えればよかった。その経験から若者に贈る最後の言葉です。

うまくいかなかったら、その現場に3日3晩腰を据えろ。寝たり食ったりして、うまくいかなかった原因を考えろ。すると同じ過ちをやらぬ。

〈番外篇〉英語は今後も世界語か

武野大策

父が緊急入院する前日の5月8日早朝『週刊金曜日』の最終回の題は「英語は今後も世界語か」でいくと、誇らしげに私に言いました。そのときの父の体調は不整脈が見られ、明らかにすぐれないときでしたから、「そんなことを考えないで、休んだら」と言って、その内容を聞くことをしませんでした。いつもだったら、その詳しい内容を聞いて、それに関する資料を集めて、相談しながら文章化して、この本誌の原稿が完成するのです。少しでも聞いておけば、父の考えをそのまま伝えられたのですが、残念ながら今回はそれをしていません。そこで、父はこの題に何を込めたかったのか、私なりに推量して終わりの方で伝えます。ここでは父のその後の様子を時間経過にそって続けます。

その翌日は定期検診の予約があった順天堂医院に診察に行き、そこで、肺炎が見つかり、そのまま緊急入院します。このときから6月9日までの様子は「たいまつ」の10回目に書いてありますので、そのあとのことを話します。生き返ったという6月9日のあと、順調に回復することはありませんでした。ふたたび体調が悪くなり、それに対応する処置をすると、また少し元気を取り戻しますが、すぐまた悪い状態になるといった繰り返しの中で、体力がどんどん落ちていきました。どこで最期をむかえるかが関係者の中で話題になります。父は母が亡くなった私の家を希望し、それで7月15日退院します。

私は父が6年ばかり住み続けた家に帰ることで、自分から治そうとする気力が強まることを期待し、訪問看護を頼みながら父を見ました。しかし、気力が戻る事はありませんでした。8月20日午後11時半過ぎ痰が絡んでいるようだったので、口を開け、スポンジが付いた棒で取ってあげたら、呼吸が楽になったように見え、私はホッとした。父も私の手を軽く握り、微笑んだ。それから少しして、呼吸がなくなり、脈もとれませんでしたので、かかりつけ医を呼びました。かかりつけ医はすぐに来て、診察し、8月21日零時20分老衰でなくなったことを私に告げました。

私は不思議なことにその言葉を落ちついて聞けました。それは父が2010年の冬から心不全を患っていて、発作を時々起こし、死ぬのではないかと思うことがたびたびあったからです。そもそも私が父の仕事を手伝うようになったのは、死んでもそれまでの努力がムダにならないようにするためでした。その思いは親子で共有できていました。そこで、デーの8月17日も言い残しておくことがあるので、録音してくれと言いました。そこで、死ぬ直前タレコーダのスイッチを入れたが、「日本の………」と言っただけでした。何を言いたかったのか今は分かりませんが、やはり日本の行く末を最後まで気にしていたことがうかがえます。

そこで、この題に父が込めたことの私の推量です。父と読み合わせがあるときは、父の問いかけに対応して気楽に書けました。しかし、それがないと思うと、筆が止まりがちです。責任をもって意見を言う難しさを感じますが、何とか前に進めます。

産業革命にいち早く成功して経済力を強めたイギリス、それを引き継いだアメリカと、英語を使うふたつの国がこの約２００年間世界を闊歩してきた。だから、英語が世界語としての役割を担うようになったのでしょう。しかし、そろそろ交代しても良いのでは。それでは次に世界語になるのは、フランス語、ドイツ語、ロシア語、中国語？　いや日本語だってよいでしょう。

そこで日本語が世界語になるにはどうすればよいか。世界でたった一つの戦争放棄をうたった憲法九条を世界に広めることではないか。それが世界に定着すると、自然と日本人は尊敬され、みんなが日本語を使うようになります。そろそろ経済力がもの言う世界から平和力がもの言う世界にしてはいかがですかと父は思ったのでは……。

70歳差対談

人間にとって いちばん大切なのは やっぱり人間だ

むのたけじ×佐藤　梓

101歳のジャーナリスト・むのたけじさんは、八王子市議の佐藤梓さん（31歳）の「目標とする人」だった。生きた年月に70年もの開きがあるふたりだが、敗戦を機に新聞社を退職したむのさんと、一度はNHK記者になったものの政治家の道へと進んだ佐藤さんには、どこか似ているところがあった。

佐藤　むのさん、お会いできて嬉しいです。大学時代、記者になりたいと思っていた時期にむのさんの本に出会い、強い衝撃をうけました。以来、いつかお会いする機会があればと思ってきました。

むの　いやいや、ようこそいらっしゃいました。

佐藤　私はいま東京都八王子市の市議をやっています。昨年４月の統一地方選で初当選したばかりで、まだ実質９カ月くらいです。

むの　ああ、まだ最近なんだね。

佐藤　はい。最初の年の市議会で戦争法案と直面することになりました。自民党会派から、この法案に賛成の立場の意見書が提出されたのです。

　私は反対の立場から論拠を並べて質問したのですが、それだけでは提案者や賛成者の心には届かないだろうとも思っていました。どうやったらもう一歩踏み込んで、彼らの心に訴えることができるか。そう考えて、１９４０年に斎藤隆夫議員が帝国議会で読み上げた「反軍演説」を引いたのです。「あなた方の先輩には斎藤議員のような人がいたんですよ」と伝えたかった。

　当時、新聞記者だったむのさんは反軍演説を議会の記者席から見ておられたのですね。

むの　76年も前のことなんだけど、聞かれると昨日のことのように思い出すよ。

静的な人間の命がけ

むの　昭和15年（40年）、私は25歳でしたが、私のような若い記者が喜んで接触した国会議員は二人だけなんです。斎藤さんと、もう一人は社会大衆党の松本治一郎さん。部落解放運動の親分ね。その頃には国会に軍の高級将校が出入りするようになっていたんだが、松本さんは彼らに正面から立ち向かっていた。

一方の斎藤さんは保守系の民政党議員でした。背は私よりちょっと大きいくらいで身体は貧弱。大きな声は出さず、記者の私がいろいろ質問しても、ああだこうだと多くは話さない方でした。

松本さんが動的な政治家だとすれば斎藤さんは静的なんです。その静的な斎藤さんが反軍演説でみるみると変わっていった。

佐藤　いま、動画を再生してもいいですか。

（ユーチューブ動画「反軍演説」）

ただいたずらに聖戦の美名に隠れて、国民的犠牲を閑却し、曰く国際正義、曰く道義外交、曰く共存共栄、曰く世界の平和……

むの　はりのある声でしょう。

佐藤　はい。

かくのごとき雲を摑むような文字を並べ立てて、そうして千載一遇の機会を逸し、国家百年の大計を誤るようなことがありましたならば……（この先はヤジと怒号）

むの　怒号がすごいでしょう。それでもひるまない。命がけなんだな。彼の演説は国家を愛する行為から生まれているから、当然のことです。

あなたが八王子市議会で斎藤さんの反軍演説を読み上げたことは記事で読みました。社民党は議会少数派だと思いますが……。

佐藤　一人です。

むの　一人……。孤立無援だったかもしれないね。斎藤さんに似ているなあと思いましたよ。

佐藤　戦後70年という節目の年に、国会では戦争法が通ってしまいました。むのさんはこの70年をどのように感じていますか。

むの　日本がポツダム宣言を受諾した時、日本政府と国民が自分で自分たちのしたことを裁いて、処理しなければならなかったのにそれをやらなかった。そこが最大の問題なんです。

これをやらないまま連合軍から憲法を与えられた。戦争放棄を謳った9条に私は飛びついたよ。日本はこれを掲げて世界の平和運動の先頭に立つべきだとね。

ところが、ある時ふっと気づいたんだ。9条のような条文を持っているのは日本だけ。9条が本当に人類の目指すべき理想的な指針であるのならば、9条を持つ国が他にもあったっていいじゃない。

9条は日本に対する連合軍の裁き、死刑判決の側面もあると思ったんです。つまり、お前たちに国家を持つ資格はないよと。

9条の二重構造に気が付かなければならなかった。世界の平和運動の先頭に立てるという希望と、実は国家とは認められていない、屈辱。希望と屈辱のはざまで日本人は身悶えし、その上で平和運動の先頭に立つべきだったんだ。

佐藤　9条にはふたつの側面があるというご指摘ですね。しかし、世界の国々のなかで日本にしかないこの憲法は、日本人の宝物だと受けとめることはできませんか。

むの　それはその通りだ。その宝物を完全に自分たちのものにするためにも、日本人にはやるべきことがたくさんあった。

浅くなった「論」

佐藤　9条を自分たちのものにするためにも論争を避けるべきではなかったと、むのさんの話を聞きながら思いました。論争は、相手と断絶するためではなく、わかりあうためにある。それなのに、どうも論争を避けようとする風潮があります。そ

の結果、「論」が浅くなっている気がするんです。

むの　浅くなったな。

しかしあの、国会前に集まった若者たちの姿はとても印象的でしたよ。今の総理大臣は任期中に憲法を変え正式な軍隊を持とうと考えているようだけど、あの若者たちは安倍晋三という人の本性を見抜いていると思う。われわれの世代が感じ取れなかった何かを、彼らは感じ取っている。あの若者たちを見ていると、戦死者を一人も出さなかった戦後70年は無駄ではなかったんだと思えてくる。

佐藤　あの若者たちはシールズというんです。

むの　シールズ？　どんな意味？

佐　藤　Students Emergency Action for Liberal Democracy-s の頭文字をとって、SEALDs です。自由で民主的な日本を守るための学生による緊急アクション——。

若い彼らが時代の旗手として登場し、国会前で

声をあげました。悩ましいのは、ベテランの活動家の方々と若い彼ら、私自身も含めてですが、時として世代間の齟齬のようなものが生まれることです。お互いを認め合い、手を取り合っていくにはどうしたらいいでしょうか。

むの そういう発想だとしくじる。だめになるだろうな。あなた、さっき「論」が浅くなったと言った。仲良くやろうとする前に、徹底的に論争しなきゃだめだよ。

あなたの話を聞いて、ぼくは初めて言おうと決心した。労働組合は裁かなきゃだめだ。60年安保闘争も成田空港反対闘争も大学闘争も、全部しくじった上に、後に何も残さなかった。

佐藤 仲良くするところから入ってはだめだと。

むの ベテランはいまの若者に不満があって文句を言うでしょう。若い学生たちは彼らを論でやりかえさなきゃ。論争を避け、中庸に身を置こうとしていては「論」は深まらないよ。

「対立」を「一対」に

むの ところが対立を対立のままにしておけば争うことにもなる。争って勝った負けたになれば、ここからは何も生まれないんだな。

佐藤 はい、そう思います。

むの 対話にかえなきゃ。

佐藤 対立を対話にかえるにはどうしたらいいか、ずっとそのことを考えてきました。

議会でも、保守は保守、リベラルはリベラルだけで内向きの話を内輪でやっているようなところがあって、そうしていると広がりがないんです。どうして現実はこうなっているのか。その疑問を、むしろ保守の人と議論がしたいと最近とくに思うようになりました。

国会前で安倍を倒せ！　とみんなで言う。もちろん、現在の安倍内閣は退陣すべきです。それは平和を願う私たちに共通の思いです。でも私は「倒せ！」という言葉はどうもつかえない。一方でいまの安倍政権には、国民の批判の声に耳を傾けて議論をしようという姿勢がほとんど感じられません。もっと論争がしたいんです。

むの　対立を対話にかえていけば、一対の協力が生まれる。「対」という字に何を連想するか、中国と日本の学生にそれぞれ聞いたことがあるんだ。日本の学生の7～8割は「対立」と書いた。中国の学生たちに聞いたら6割が「一対」と書いた。ここなんだな。

佐藤　むのさんに教えてほしかったことがあります。人は、人生の折々で、自分のことも相手のことも信じられなくなってしまうようなことがあると思うんです。そういう時、人間をあきらめず信じ続けることって、できるのでしょうか。どうすればできますか。

むの　１００年生きて、ありがたいのは、友だね。

佐藤　とも？

むの　うん、友達。友達はありがたい。もう一人の命だもんな。

佐藤　もう一人の命ですか。

むの　友達というのは、ふたつの命を結び合わせて生きるってことだと思う。
１００年生きて、新聞記者を80年もやったから数えきれない人と名刺交換したし、知り合いになった。だけど、友達はと聞かれて意識するのは、ほんの数人だな。それ以外の人が本当の友達ではなかったかといえばそういうわけでもないんだけどね。先に死んでいったということもあるんだけど、いま、友達はありがたいなあと思う。

佐藤　人類が生まれて７００万年。殺し合ったり殴り合いやったりしてきたけど、それだけをやっていたのならとっくに滅んでいる。命、仲間、友達、みんな大事だよ。

佐藤　はい、一人では生きていけません。

むの　一人ではすぐ消えちゃう。原点にかえってね。社会運動をやるときにも、人間として心得ていなくてはならないのはこれだと、ここだけはお互いに守らねばならんぞと。そういうことを確認することも社会運動には大事だな。

相手を理解する名人に

佐藤　インターネットの発達で離れている人とも意思疎通が即時にできるようになりました。そのかわり相手のこころが見えにくくなっているようにも思うんです。

むの　言葉にはふたつある。話し言葉と書き言葉だ。
話し言葉は７００万年前、人類が生まれたときからあったと言われている。ところが書き言葉は、ほんの5000年前、富や権力、支配関係が生まれ、肉声の話し言葉だけではたりない、離れた生活空間で暮らす人にも言葉を届ける必要が出てきて生まれた。

佐藤 だけど言葉というのはあくまでも話し言葉が基本。肉声が入らないと本当の言葉にはならないところがあるんだな。現代はポンポンポンと打つことで意思伝達をやっているでしょう。

むの はい。パソコンやスマートフォンでポンポン打つことがコミュニケーション手段の中心です。

佐藤 私は原稿を書くときも、まずはしゃべるようにしている。

むの 活字メディアで記者をやってこられたむのさんが、話してから書くというのは意外です。

佐藤 新聞社を辞めて、一人で『たいまつ』をやりはじめてからだね。わかってもらうにはどうしたらいいか、真剣に考え始めてからだ。

むの 政治にたずさわる人間が、人間と人間を断絶させず、つなげる役割を果たすにはどんなことを心がけるべきでしょうか。

佐藤 他人を理解することだな。どうも政治家や評論家は自分を相手に持ち込みたがる。

むの とても耳が痛いです。

佐藤 他人を理解する名人になること。自分を相手に持ち込む前に、いかに相手を理解し、受け入れるかなんだ。柔軟にね。

むの 他人を理解する名人であれと。重い言葉です。

高校生のころ、仲が良かった友人からある日、手紙をもらったんです。家に帰ってから読んでくれと言われたのですが待ちきれなくて、帰り道、田んぼの隅に自転車を停めて読みました。梓ちゃんのことは好きだったけど、以下の点が嫌いだと。いくつも嫌いな点が列挙してあるんです。私は泣きながら家に帰って、手紙をぐしゃぐしゃに丸めて母に泣きつきました。なんでこんなひどい手紙を書いてくるんだって。

「ひどいわねえ、もう仲良くしなくていいじゃない」と同情してくれるかと思っていたのですが、母はぐしゃぐしゃになった手紙を開いて読み、こう言ったんです。「あなたは返事を書きなさい」と。本当に嫌いだったらそのまま無視しておくこともできたはず。でもそうはしなかった。わざわざ手紙にして渡してくれたのよと。

絶対に嫌だ！　と思いながらも、私はその晩、泣きながら返事を書きました。思い当たる節を書き出し、あなたが私のことを嫌いだと思ったのは、もしかしたらあの日私がこう言ったからかもしれない。違っていたらごめんなさい。ただ私だってこんな手紙をもらったら哀しいし辛い。でも、正直に思いをぶつけてくれたあなたの友情には感謝したい――。こんな美しい文面ではありませんでしたが、なんとか返事を書いて渡したんです。彼女は受け取ってくれ、その後も友情は続きました。

今では彼女に感謝しているし、母のおかげで大事な友達を失わずにすんだと思っています。「嫌い」という感情は、もしかしたら「はじまり」かもしれない。最後に自分のエピソードですみません。

むの　いや、ぼくにも似たような経験があった。外国語大学時代、隣の席になった奴が陸軍中将の息子だったんだ。ぼくは軍人が大嫌いだったからこんな奴とは口きくもんかと思っていた。

彼は士官学校に行きたかったらしいんだけど体が貧弱で行けなかった。そのことをえらく気にしていてね。そんな話を聞いているうちに夏休みになった。30日くらい会えないでしょう。そこで、お互いが手紙を書くことにした。すると相手のことがよくわかって、その後は親友になったんだ。彼は「長唄の道に進めば飯は食える」と言って、ぼくを歌舞伎座の立ち見によく誘ったな。あなたの言うように、嫌いは好きのはじまりかもしれないね。

佐藤　お前が嫌いなんだ、間違っているんだと言ってくれる人のほうが大事なんだと思います。

むの　そういう意味では、人間にとっていちばん大切なのは、やっぱり人間だな。

２０１６年２月３日、埼玉県さいたま市のむのさんの二男宅にて。
写真撮影・まとめ／野中大樹・『週刊金曜日』編集部

さとう あずさ　八王子市議会議員（社民党）。１９８４年岐阜県生まれ。上智大学卒業後、ＮＨＫに入局。記者として事件事故の取材をしていたが、退職。15年４月の統一地方選で八王子市議会議員選挙に立候補し、トップで初当選を果たす。同年６月、八王子市議会で安保法制をめぐって意見書の審議が行なわれた際には、戦前の帝国議会で斎藤隆夫議員が軍部に抵抗して行なった「反軍演説」を引用して読み上げ、激しいヤジをかき消した。

（『週刊金曜日』２０１６年２月19日号）

2014年8月9日、JCJ特別賞授賞式でプレスセンターにて。（撮影／日高信一）

2007年頃、秋田県横手市にて。（撮影／木瀬公二）

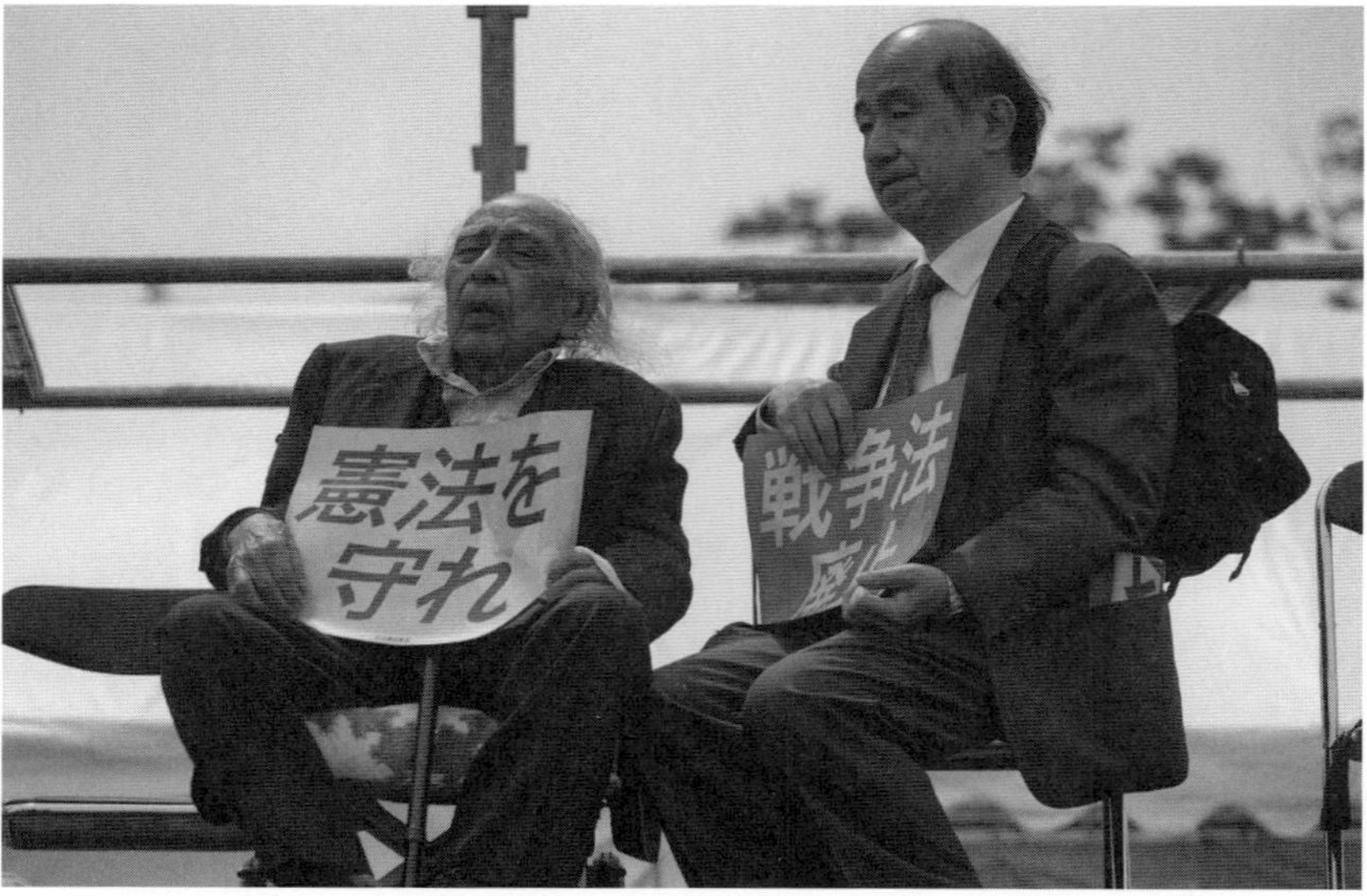

2016年5月3日、憲法集会で有明防災公園にて。右は武野大策氏。（撮影／今井明）

できごと	むのさんのできごと
1894～95年 日清戦争	
1904～05年 日露戦争	
1914～18年 第1次世界戦争	1915年1月2日 秋田にて生まれる
1917年 ロシア革命 3月　二月革命 11月　十月革命 ↓1918～22年 シベリア出兵	
1931～32年 満州事変	
1937～45年 盧溝橋事件 ↓日中戦争	1936年 報知新聞社　入社

１９４１～４５年
真珠湾奇襲攻撃
↓第２次世界戦争

１９４５年８月
第２次世界戦争　終結

１９４７年２月１日
ゼネラルストライキ
（不成立）

１９５１年
安保条約　成立

１９６０年
安保条約　改定
↓安保闘争

１９６０～７５年
ベトナム戦争
↓１９６５年ごろ

１９４０年
報知新聞社の記者として
中国へ出張取材
のち、朝日新聞社へ移籍

１９４２年
朝日新聞社の従軍特派員
としてジャワ島へ

１９４５年８月15日
朝日新聞社　退社

１９４８年２月
週刊新聞『たいまつ』創刊
（たいまつの発行を
続けながら、
そのときどきの
社会運動に参加）

1942年7月、朝日新聞ジャカルタ支局にて。

1942年2月、朝日新聞の従軍記者として台湾にて。

ベトナム戦争反対運動
1966~78年
成田空港の建設
↓三里塚闘争
1960年代半ば~
1970年代はじめ
学園闘争
東大闘争
（1968~69年1月
↓東大安田講堂事件）

1978年1月
週刊新聞『たいまつ』休刊

2016年8月21日
101歳で永眠

1954年5月、メーデーでのデモ行進。横手市にて。

年表提供／クレヨンハウス
写真提供／武野大策

むの たけじ　ジャーナリスト。1915年秋田県生まれ。『報知新聞』から『朝日新聞』に移り、中国、東南アジア特派員として戦場取材。45年の敗戦をうけ新聞記者としての責任を感じ退社。48年に地元秋田で週刊新聞『たいまつ』を創刊し、78年に休刊するまで書き続ける。著書に『たいまつ十六年』（岩波現代文庫）、『希望は絶望のど真ん中に』（岩波新書）、『100歳のジャーナリストからきみへ』（5回シリーズ、汐文社）など多数。

たいまつ
遺稿集

2016年12月8日　初版発行

著　者　むのたけじ
発行人　北村肇
発行所　株式会社金曜日

〒101-0051　東京都千代田区神田神保町2-23　アセンド神保町3階
URL http://www.kinyobi.co.jp/
（業務部）　TEL 03-3221-8521 FAX 03-3221-8522
gyomubu@kinyobi.co.jp
（編集部）　TEL 03-3221-8527 FAX 03-3221-8532
henshubu@kinyobi.co.jp

印刷・製本　精文堂印刷株式会社

printed in Japan
ISBN978-4-86572-017-4　C0036